안녕! 쑴풍쑴풍별의 **산부인과 의사 손마나**야.
기막힌 내 사연 좀 들어 볼래?
여왕이 쌍둥이를 낳았는데, 세상에, 나 때문이라며 몰아붙이는 거야. 그 바람에 환자가 뚝 떨어졌지.
눈물을 머금고 지구로 와서 '찾아가는 산부인과'를 차렸어. 나랑 같이 여기저기 찾아가 볼래?

글 | 이지은

대학교에서 사학을 공부하고 독서지도사 교육, 중앙대학교 예술대학원 문예창작 전문가 과정,
MBC 아카데미 드라마 작가 과정을 마치고 어린이 책을 기획하고 만들었습니다.
곧 태어날 내 아이에게도 읽어 주고 싶은 책을 쓰고 싶습니다.
쓴 책으로는 〈마루의 생일날〉, 〈하늘색 책상〉 등이 있습니다.

그림 | 강윤주

상명대학교에서 시각디자인을 공부했고, 지금은 프리랜서 일러스트레이터로 활동하고 있습니다.
그린 책으로는 〈오즈의 마법사〉, 〈피노키오〉, 〈괘종시계와 뻐꾸기 시계〉, 〈비밀의 화원〉,
〈꿀벌 마야의 모험〉, 〈기체야 나랑 놀자〉 등이 있습니다.

감수위원

최영륜 | 전남대학교 의과대학 교수, 전남대학교병원 소아청소년과 전문의
이한숙 | 가톨릭대학교 서울성모병원 마취통증의학과 전문의
김기철 | 함춘여성의원 서초점 원장

별똥별을 타고 온 외계인 쏨풍쏨풍별 쌍둥이

글 이지은 | 그림 강윤주 | 펴낸곳 도서출판 별똥별 | 펴낸이 김래주 | 기획 노영경 | 편집·디자인 연필의 입장 | 글 다듬이 박미향
제작 김희수 | 마케팅 백나리 | 주소 경기도 화성시 병점1로 218 씨네 샤르망 B동 3층
고객센터 080-201-7887 | 전화 031-221-7887 | 출판등록 2009년 2월 4일 제 465-2009-00005호
ISBN 978-89-6383-254-8 978-89-6383-249-4 (세트)
ⓒ 도서출판 별똥별 www.beulddong.com 저작권법에 의해 무단 전재와 무단 복제를 금합니다.
맞춤법, 띄어쓰기는 국립국어원에서 펴낸 〈표준국어대사전〉을 기준으로 삼았습니다. 잘못된 책은 바꾸어 드립니다.
⚠ 주의 책의 단면이나 모서리에 다치지 않도록 주의하세요.

쑴풍쑴풍별 쌍둥이

이지은 글 | 강윤주 그림

별똥별

"에헴, 푸른 마을 주민 여러분께 알립니다.
우리 마을에 손마나의 찾아가는 **산부인과***가 왔습니다."
이장님 목소리가 들려오자
푸른 마을 주민들의 귀가 쫑긋쫑긋!
"에헴, 진료를 받을 분은 마을 가운데 큰 나무 아래로 오세요."

*산부인과 : 임신, 아이를 낳는 일, 부인병 등을 다루는 병원이에요.

손마나는 원래 쑴풍쑴풍별에 하나밖에 없는
산부인과 의사였어요.
그런데 여왕이 아들딸 쌍둥이를 낳자
여왕도 깜짝! 외계인들도 깜짝!
쑴풍쑴풍별에서는 쌍둥이가 태어난 적이 없었거든요.
"쌍둥이가 태어나는 것은 이상한 일이 아니에요!"
손마나가 아무리 말해도 소용없었답니다.

"내가 쌍둥이를 낳은 것은 손마나 때문이다!"
여왕의 말에 쑴풍쑴풍별에서는 아무도
손마나에게 진료를 받으려 하지 않았어요.
손마나는 이참에 지구에 가서
경험도 쌓고 공부도 더 하기로 했어요.

아! 드디어 찾아가는 산부인과에
첫 환자가 왔어요.
아이를 가진 지 얼마 안 된 신혼부부네요.
"여보, 살살 걸어. 조심조심 앉아."
아내가 부딪칠까 넘어질까,
남편은 조마조마, 안절부절!

손마나는 아이가 잘 크는지 보려고
초음파 검사를 하며 말했어요.
"저기 웅크리고 있는
조그만 아이가 보이지?
임신한 지 9주 됐어."

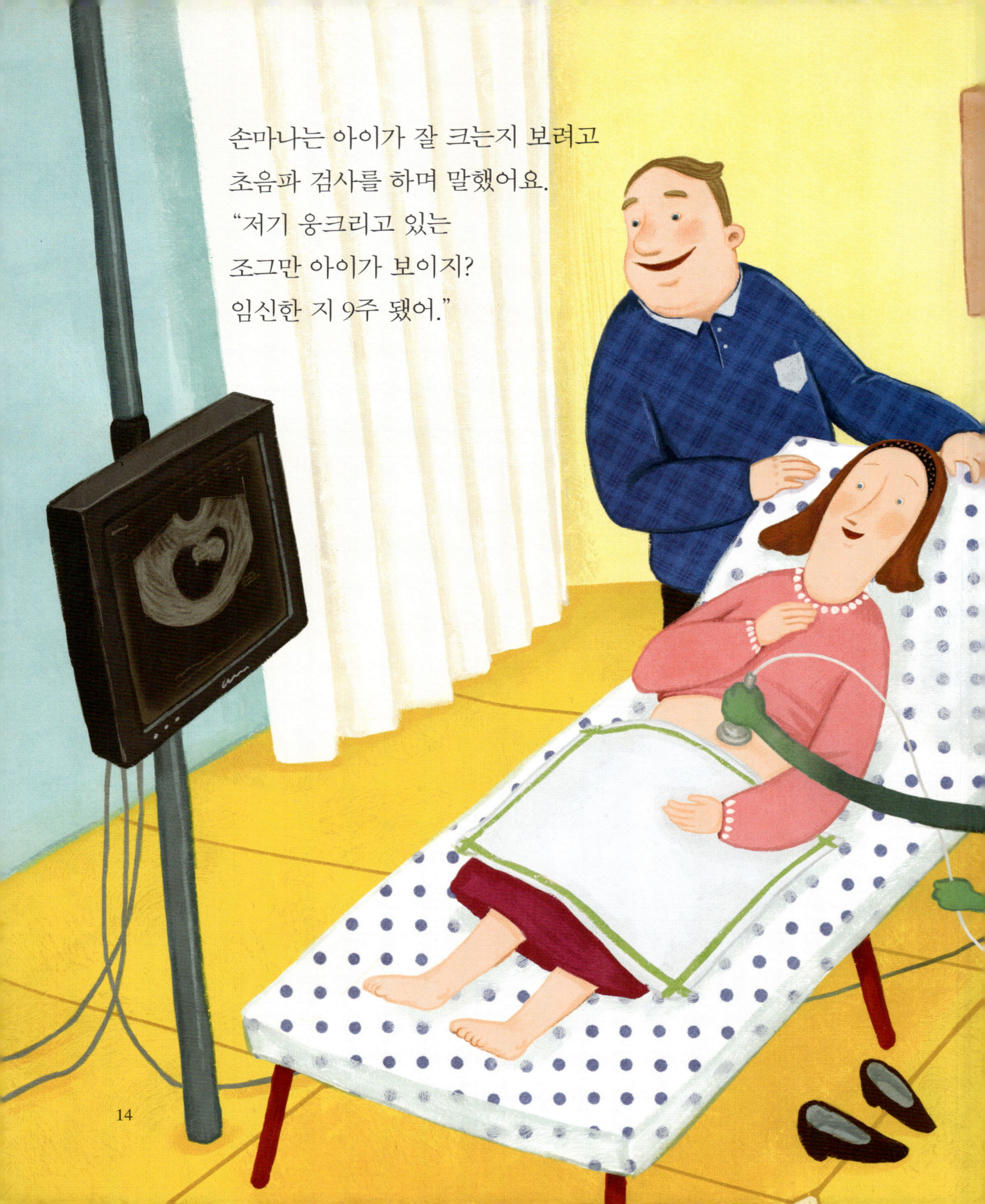

아이를 보며 신기해하는 신혼부부에게
로봇 코니가 말했어요.
"아이를 가졌으니 힘든 일은 하지 말고
음식을 골고루 잘 먹어야 해."

"삐롱, 삐롱!
아이가 곧 나올 것 같은 임신부가 왔어."
코니의 말에 손마나는 마음이 급해졌지요.
"코니, 임신부를 구급차에 태워.
서둘러서 새롬병원으로 가자!"

삐뽀삐뽀! 삐뽀삐뽀!
구급차가 새롬병원에 도착했어요.
아이를 낳는 분만실에서
임신부가 소리쳤어요.
"으악! 배가 너무 아파!"
"조금만 더 힘을 줘!
곧 사랑스런 아이를 만날 수 있어."
손마나랑 코니가 임신부를 북돋아 주었어요.
남편도 아내의 손을 꼬옥 잡아 주었지요.

"응애응애! 응애응애!"
드디어 아이가 세상 밖으로 나왔어요.
아들 쌍둥이였죠.

손마나는 부부가
놀랄까 봐 걱정되었어요.
"쌍둥이가 태어나는 것은
이상한 일이 아니……."
아이를 조심조심 안은 남편이 말했어요.
"하하! 쌍둥이라서 두 배로 행복해."

쌍둥이가 태어나 기뻐하는 부부를 보니
손마나도 흐뭇해졌어요.
새 생명이 무사히 태어날 수 있도록
도와준다는 사실이 자랑스럽기도 했고요.
손마나는 지구에서 공부도 더 하고
경험도 많이 쌓아야겠다고
마음먹었어요.

며칠 뒤, 손마나는 쌍둥이가 건강한지 보려고
갓난아이들을 돌보는 신생아실에 갔어요.
"삐롱! 쌍둥이는 참 신기해!"
코니가 쌍둥이를 보며 감탄했어요.
손마나는 까꿍까꿍별로 유학 갔던
대학 시절이 생각났답니다.

〈일란성 쌍둥이〉
남자의 아기씨인 정자 하나와
여자의 아기씨인 난자 하나가
만난 수정란이 따로 떼어짐

〈이란성 쌍둥이〉
정자 두 개와 난자 두 개가
각각 만나 수정란이 두 개가 됨

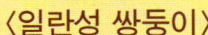

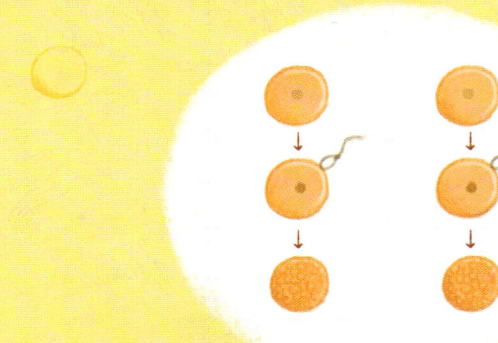

귀커 교수님의 목소리는
쩌렁쩌렁했어요.
"일란성 쌍둥이는 둘 다 딸이거나 아들이며,
생김새와 성격이 거의 똑같다.
이란성 쌍둥이는 한 명은 딸, 한 명은 아들일 수
있고 생김새와 성격이 똑같지 않다."

손마나는 환자들을 돌보면서 지구에는
쌍둥이가 많다는 사실을 알았어요.
손마나가 고향을 그리워하자
함께 일하던 쌍둥이 간호사가 말했어요.
"우리와 함께 쑴풍쑴풍별로 가자.
그곳에는 산부인과 의사가 없잖아."

손마나는 쑴풍쑴풍별로 돌아가 여왕을 만났어요.
그새 왕자와 공주는 부쩍 자랐지요.
"여왕님, 쌍둥이가 태어나는 것은 이상한 일이 아닙니다.
지구에서 온 쌍둥이 간호사는 일란성 쌍둥이,
왕자님과 공주님은 이란성 쌍둥이입니다."
자신이 잘못 알았다는 것을 깨달은 여왕은
손마나를 왕궁 의사로 임명했어요.

쑴풍쑴풍별 소식

◇ 쑴풍

○○○○년 ○월 ○일 수요일

손마나, 경험 쌓고 돌아오다

왕궁 의사가 된 손마나

여왕은 손마나에게 지난날을 사과하고 쑴풍쑴풍별 왕궁 의사로 임명했다.

손마나는 여왕이 쌍둥이를 낳은 뒤 환자가 발길을 끊자 지구로 갔었다.

그 뒤 지구에서 경험을 쌓고 공부도 많이 했지만 늘 고향이 그리웠단다. 마침내 손마나는 쌍둥이 간호사와 함께 돌아왔다. 앞으로 손마나의 활동이 기대된다.

지구에서 온 간호사는 일란성 쌍둥이

지구에서 온 쌍둥이 간호사 하루(왼쪽)와 나루(오른쪽)는 일란성 쌍둥이다.

둘은 얼굴 생김새뿐만 아니라 키도 거의 똑같다. 꼼꼼하고 친절한 성격도 비슷하다. 그러다 보니 환자들은 하루와 나루를 자주 헷갈린다고 한다.

놀랍게도 둘은 어릴 때부터 똑같이 간호사가 되는 꿈을 꾸었다고 한다.

쑴풍일보 ✧

> 쑴풍쑴풍별 날씨 예보
> 목요일: 푸르디푸른 하늘을 볼 수 있음, 비 안 옴

고통스러워도 행복하다는 지구의 임산부들

임산부는 임신한 여자와 아이를 갓 낳은 여자를 통틀어 부르는 말이다.

지구에서는 아이가 생기면 약 열 달 동안 배 속에서 키우다가 낳는다.

엄마들은 임신 중에는 몸이 힘들고, 아이를 낳을 때는 몹시 고통스럽지만 태어난 아이를 보면 행복하다고 한다. 그것이 바로 사랑이다.

왕자와 공주는 이란성 쌍둥이

쑴풍쑴풍별의 왕자 삼손(왼쪽)과 공주 세손(오른쪽)은 이란성 쌍둥이다.

둘은 생김새와 키가 다르고 성별과 성격도 다르다. 그래서 왕자와 공주가 쌍둥이라는 사실을 잘 모르는 백성도 있다.

손마나의 말에 따르면 이란성 쌍둥이라고 해서 모두 성별이 다른 것은 아니라고 한다.

아이는 어떻게 세상 밖으로 나오나요?

엄마가 임신하고 열 달이 되면 아이는 세상으로 나올 준비를 해요. 아이가 세상에 나오려고 신호를 보내면 엄마는 배가 몹시 아프고 아이를 감싸 보호해 주는 물인 양수가 터지기도 해요. 엄마가 배에 잔뜩 힘을 주면 **아이의 머리부터 나와 첫울음을 터뜨리는 거예요.**

여자는 언제부터 아이를 가질 수 있나요?

여자는 사춘기가 되면 한 달에 한 번씩 여자의 아기씨인 난자를 만들어요. 아기집인 자궁의 난소에서 만든답니다. 그때 남자의 아기씨인 정자를 만날 것을 대비해서 자궁의 안쪽 벽이 두꺼워져요.

그런데 난자가 정자를 만나지 못하면 두꺼워진 자궁 안쪽의 막이 떨어져 피와 함께 몸 밖으로 나와요. 이것을 '생리'라고 하는데, 보통 12~17살이 되면 첫 생리를 해요.

여자는 생리를 하면서부터 아이를 가질 수 있어요. 아이를 갖는 것을 '임신', 낳는 것을 '분만'이라고 해요.

배 속 아이에게는 왜 탯줄이 있나요?

배 속 아이는 스스로 음식을 먹을 수 없어요. 아이는 엄마의 몸과 이어져 있는 탯줄을 통해 영양분과 산소를 받아요.
아이가 세상 밖으로 나오면 탯줄을 자르는데 그 자리가 바로 배꼽이에요.

다른 동물들은 엄마 배 속에 얼마 동안 있나요?

사람은 엄마 배 속에 열 달쯤 있다가 태어나지요.
주머니쥐는 12일 만에 태어나고, 생쥐는 21일, 토끼는 한 달, 여우는 54일, 곰은 8개월, 돌고래는 11개월, 얼룩말은 1년 15일, 코끼리는 1년 8개월 만에 태어난답니다.

임신한 엄마는 어떤 음식을 먹어야 하나요?

아이의 뼈가 잘 자라게 하려면 칼슘이 많이 들어 있는 음식을 먹어야 해요.
우유가 여러모로 좋으며, 콩은 칼슘뿐만 아니라 아이의 머리를 똑똑하게 해 주는 단백질도 풍부해서 좋답니다. 철분이 많이 들어 있는 연근, 비타민이 많이 들어 있는 토마토와 시금치도 좋아요.
그 밖에 몸에 좋은 음식을 골고루 먹어서 아이에게 좋은 영양분을 많이 보내 줘야 해요.

산부인과에서는 **엄마 배 속**에 아이가 생기면 아이가 잘 자라는지 살피고, 아이가 태어날 때 옆에서 도와주는 일을 해. 너희들, 이거 알아? 여자의 배 속에는 나중에 아이가 자랄 아기집이 있단다. 그러니까 여자 친구의 배를 함부로 차거나 때리면 안 되겠지? 혹시 엄마 배 속에 동생이 생겼니? 그럼 손마나에게 얼른 전화해!